BEI GRIN MACHT SICH IHR WISSEN BEZAHLT

- Wir veröffentlichen Ihre Hausarbeit,
  Bachelor- und Masterarbeit

- Ihr eigenes eBook und Buch -
  weltweit in allen wichtigen Shops

- Verdienen Sie an jedem Verkauf

Jetzt bei www.GRIN.com hochladen und kostenlos publizieren

Christoph Deichert

Soziale Bedingungen auf dem Arbeitsmarkt bis zur frühen Bundesrepublik

Auswirkungen auf die deutsche Sozialdemokratie

GRIN Verlag

Bibliografische Information der Deutschen Nationalbibliothek:

Die Deutsche Bibliothek verzeichnet diese Publikation in der Deutschen National-
bibliografie; detaillierte bibliografische Daten sind im Internet über http://dnb.d-
nb.de/ abrufbar.

Impressum:

Copyright © 2012 GRIN Verlag GmbH
Druck und Bindung: Books on Demand GmbH, Norderstedt Germany
ISBN: 978-3-656-49013-5

Dieses Buch bei GRIN:

http://www.grin.com/de/e-book/232230/soziale-bedingungen-auf-dem-arbeitsmarkt-
bis-zur-fruehen-bundesrepublik

TU Darmstadt
Institut für Geschichte

Proseminar: Einführung in die moderne Technikgeschichte

Wintersemester 2011/12

Soziale Bedingungen auf dem Arbeitsmarkt bis zur frühen
Bundesrepublik.

Auswirkungen auf die deutsche Sozialdemokratie.

Eingereicht von:

Christoph Deichert

JBA Geschichte und Politikwissenschaft

Fachsemester: 3

Inhaltsverzeichnis

I. Einleitung

Die Periodisierung der „Industriellen Revolution" oder der Industrialisierung gestaltet sich, wie bei vielen Entwicklungsprozessen, schwierig. „In der deutschen wirtschaftshistorischen Forschung war man deshalb eher geneigt, den Beginn der Industrialisierung Deutschlands mit folgenden Entwicklungen zu verknüpfen: 1. der Gründung des deutschen Zollvereins 1834; 2. der Fertigstellung der ersten Eisenbahnstrecke von Nürnberg nach Führt 1835; 3. dem konjunkturellen Aufschwung Mitte der vierziger Jahre des 19. Jahrhunderts oder 4. dem „Take-off" nach 1850."[1]

„Das Manifest der Kommunistischen Partei" zeigt 1848, dass sich eine neue politische Philosophie entwickeln konnte. Dieses Manifest beginnt mit einer Kritik an den bisher Herrschenden, aber auch einer Kritik an der Gesellschaftsordnung, an den Gesellschaften nach den napoleonischen Kriegen, durch die ausdrückliche Erwähnung Metternichs, dem Architekten der Nachkriegsordnung.[2]

Desweiteren gehen Marx und Engels von einer Polarisierung der Gesellschaft in Bourgeois und Proletarier aus, die darüber hinaus sich feindlich gegenüber stehen. Zur Bourgeoisie werden die Industriellen gezählt, die durch die Industrialisierung ihr Kapital vermehren konnten.[3]

„Der Proletarier ist eigentumslos; sein Verhältnis zu Weib und Kindern hat nichts mehr gemein mit dem bürgerlichen Familienverhältnis; die moderne industrielle Arbeit, die moderne Unterjochung unter das Kapital ..."[4]

Dieses Manifest ist gerade mit Blick auf die SPD von Bedeutung, da es keinerlei Verifizierung zwischen Kommunisten und Sozialisten, Anarchisten und „Social-Demokraten" gab. Was auf die damals gemeinsame Ideologie zurückzuführen ist.[5]

I.1 Forschungsstand

Heinrich Potthoff und Susanne Miller haben über die Geschichte der SPD geforscht von ihrer Gründung bis zur jüngeren Vergangenheit.[6] Desweiteren hat Friedrich-Wilhelm Henning unter anderem über die sozialen und wirtschaftlichen Bedingungen von 1914 bis 1992 geforscht und faktenreich zusammengetragen.[7] Die beiden Themen wurde nur in der Forschung zur „industriellen Revolution" mit einander verknüpft, so zum Beispiel von Hubert Kiesewetter, da die Entstehung der Sozialdemokratie und der Arbeiterbewegung als ein Randphänomen betrachtet wird.[8] Über eine Einzelbetrachtung der sozialen Umstände und der SPD und als Randphänomen der „industriellen Revolution", gibt es keinen nennenswerten Literaturstand.

---

[1] Kiesewetter, Hubert: Industrielle Revolution in Deutschland. Regionen als Wachstumsmotoren, Wiesbaden 2004, S. 19.
[2] Vgl.: Fetscher, Ingrid (Hg.): Manifest der Kommunistischen Partei. Grundsätze des Kommunismus, Stuttgart 2004, S. 19.
[3] Vgl.: Manifest der Kommunistischen Partei, 2004, S. 19 – 21.
[4] Manifest der Kommunistischen Partei, 2004, S. 31.
[5] Vgl.: Wehler, Hans-Ulrich: Deutsche Gesellschaftsgeschichte, 3. Band, München 1995, S. 902.
[6] Vgl.: Potthoff Heinrich und Miller, Susanne: Kleine Geschichte der SPD. 1848 – 2002, Bonn 2002.
[7] Vgl.: Henning, Friedrich-Wilhelm: Wirtschafts- und Sozialgeschichte. Das industrialisierte Deutschland 1914 – 1992, Band 3, Paderborn 1993.
[8] Vgl.: Industrielle Revolution in Deutschland. Regionen als Wachstumsmotoren, Wiesbaden 2004.

I.2 Fragestellung

In welchem Kontext stehen der Arbeitsmarkt im Bereich der Industrie und Veränderungen innerhalb der Sozialdemokratie? Je mehr sich die sozialen Bedingungen am Arbeitsmarkt verändert haben, desto mehr musste sich die Sozialdemokratie anpassen.

I.3 Methode

Diese strukturgeschichtliche Arbeit, beginnt mit der menschlichen Basis der Industriearbeit und das Entstehen der SPD. Danach wird auf die Entwicklung industrieller Arbeit am Arbeitsmarkt während des I. Weltkriegs exemplarisch und der SPD im deutschen Kaiserreich eingegangen. Im Anschluss wird die Rolle des Arbeitsmarktes und die Politik der SPD in der Weimarer Republik kurz dargelegt. Vor dem abschließenden Fazit wird auf die Rolle der sozialen Entwicklung am Arbeitsmarkt während des „Wirtschaftswunders" eingegangen, sowie auf das „Godesberger Programm". Die NS-Zeit wird nicht beachtet, da die SPD in dieser Zeit nicht politisch aktiv war. Wobei das Ziel dieser Hausarbeit ist, einen Zusammenhang zwischen sozialen Bedingungen in dem Bereich der industriellen Arbeit am Beispiel des Arbeitsmarktes und der deutschen Sozialdemokratie anhand von ausgewählten Beispielen, darzustellen.

I.4 Literaturdiskussion

Diese Arbeit basiert hauptsächlich auf den Büchern die „Kleine Geschichte der SPD" und „das industrialisierte Deutschland von 1914 bis 1992", deshalb wird nur für diese eine explizite Literaturdiskussion angestellt.

Zunächst über die „Kleine Geschichte der SPD", von Heinrich Potthoff und Susanne Miller. Heinrich Potthoff bezeichnet im Vorwort das Werk als kritisch korrigiert, allerdings bedankt er sich auch für die Mitwirkung der SPD-nahen Friedrich-Ebert-Stiftung.[9] Nicht nur durch diese Unterstützung muss die kritische Distanz der Autoren zur Sozialdemokratie hinterfragt werden, sondern auch durch Formulierung wie exemplarisch auf Seite 126, in der es heißt: „…, bewusst den Bruch mit den Sozialdemokraten herbeiführte, um die eigenen finanz- und sozialpolitischen Vorstellungen zu verwirklichen, …".[10] In diesem speziellen Punkt könnte man auch zu der Erkenntnis gelangen DVP und Zentrum wollte ihrer eigenen Wählerschaft gerecht werden.

Der Autor der zweiten zu Grunde liegenden Literatur, Friedrich-Wilhelm Henning, veröffentliche drei Bände „Wirtschafts- und Sozialgeschichte", Band 1 beginnt im 8. Jahrhundert und Band 3 endet im Jahr 1992. Im Vorwort setzt sich Henning ein Ziel, eine übersichtliche Darstellung von Fakten, um die soziale und wirtschaftliche Entwicklung darzustellen.[11] Dieses Ziel hat der Autor auch erreicht, allerdings kommen

---

[9] Vgl.: Kleine Geschichte der SPD, 2002, S. 5.
[10] Kleine Geschichte der SPD, 2002, S. 126.
[11] Vgl.: Das industrialisierte Deutschland 1914 – 1992, 1993, S. 10.

die Bedingungen in einzelnen Betrieben oder für das Individuum nicht zum Tragen und somit können keine Unterschiede festgestellt werden.

II. Basis der Industriearbeit und Entstehung der SPD

Die Bevölkerung nahm in ihrer Dichte in den Industriestädten zu, zum einen durch Zuwanderung aus den agrarisch geprägten Regionen, zum anderen durch eine Zunahme der Geburtenrate.[12]

Solange die Anziehungskraft großer Städte in ökonomischer, sozialer und kultureller Hinsicht anhielt, kam es zu Land-Stadt-Wanderungen. Die Verdienstmöglichkeiten für Handwerksgesellen und Landarbeiter waren in der Stadt gut. Junge Mädchen konnten sich in den Haushalten der gehobenen Schichten betätigen. Die Schattenseiten in einer Industriestadt waren kleine und teure Wohnungen, lange Wege zur Arbeitsstelle. Ohne diese Wanderung wäre die Arbeiterklasse wohl nicht entstanden.[13]

Ein weiteres Phänomen über die Land-Stadt-Wanderung hinaus, stellt die Kinderarbeit dar. Kinder konnten ohne Rücksicht auf deren Gesundheit massenhaft in Fabriken eingesetzt werden. Darüber hinaus war in den Produktionsstätten kein Grundwissen mehr erforderlich. Desweiteren war zum Bedienen der Maschinen keine oder kaum Muskelkraft nötig.[14]

Aus diesen und anderen Gründen, legte Lasalle in einem Schreiben am 1. März 1863 seine Ansichten für die Verbesserung der Arbeiter im sozialen und politischen Bereich, dar. Dieser Aufruf zur Gründung einer Arbeiterpartei kam an. Am 23. Mai 1863 wurde der „Allgemeine Deutsche Arbeiterverein" durch Delegierte aus 11 Orten gegründet. Ferdinand Lasalle wurde zum Präsidenten dieses Vereins gewählt.[15]

Die wesentlichen Programmpunkte dieser ca. 4600 Mitglieder zählenden Arbeiterpartei waren ein allgemeines und freies Wahlrecht aber auch Begriffe wie Ausbeutung und „Klassenkampf" erhielten einen festen Platz.[16]

In Eisenach wurde im ersten Drittel des Augusts 1869 die Sozialdemokratische Arbeiterpartei gegründet. Somit entstand neben dem ADAV eine weitere deutsche Arbeiterpartei. Ihre Mitglieder stammten größtenteils aus Süd- und Mitteldeutschland. Teile aus der Mitgliedschaft waren unzufriedene ehemalige ADAV Mitglieder.[17]

Das Programm enthielt viele konkrete Punkte zur Verbesserung der Arbeitsbedingungen. Diese waren gesetzliche Höchstarbeitszeit und Einschränkung der Frauen- und ein Verbot der Kinderarbeit. Zu den abstrakteren Forderungen zählte unter anderem ein allgemeines, gleiches und direktes Wahlrecht.[18]

---

[12] Vgl.: Industrielle Revolution in Deutschland, 2004, S. 127.
[13] Vgl.: Industrielle Revolution in Deutschland, 2004, S. 133.
[14] Vgl.: Dittmann, Linda: Kinderarbeit im 19. Jahrhundert. Norderstedt 2005, S. 5.
[15] Vgl.:: Kleine Geschichte der SPD, 2002, S. 33.
[16] Vgl.: Kleine Geschichte der SPD, 2002, S. 33 -34.
[17] Vgl.: Kleine Geschichte der SPD, 2002, S. 40.
[18] Vgl.: Kleine Geschichte der SPD, 2002, S. 40.

Nach der Reichsgründung setzte eine staatliche Repressionspolitik ein, besonders Staatsanwalt Tessendorf eiferte in diesem Bereich. Die 1873 einsetzende Rezession, brachte in beiden Parteien das Augenmerk auf die dringendsten Probleme der Arbeiterschaft. Diese Probleme waren unter anderen Wohnungsnot und Streikkämpfe. Gerade einfache Mitglieder aus beiden Parteien drängten deshalb auf eine Verschmelzung beider Parteien. Vom 23. – 27. Mai 1875 fand in Gotha ein Einigungsparteitag statt. Am Ende dieses Parteitags gab es die Sozialistische Arbeiterpartei Deutschlands mit einem einheitlichen Programm.[19]

II.1 Schlussfolgerungen

Ein rekrutieren der Arbeiterschaft durch Land-Stadt-Wanderungen erscheint, gerade unter Berücksichtigung der Entwicklung der Städte im Mittelalter, wo ebenfalls eine Wanderung zu Zentren einsetzte, nicht verwunderlich.[20]

Allerdings das Phänomen der Kinderarbeit verwundert ein wenig, denn immerhin bestand allgemeine Schulpflicht und dies wirft die Frage nach dem behördlichen durchsetzen derselben auf. Allerdings spielten bei der Abnahme der Kinderarbeit weniger humanitär-philanthropische Gesichtspunkte eine Rolle, sondern die Befürchtung einer Beeinträchtigung der Militärtauglichkeit.[21] Dieses recht konkrete Beispiel wurde aufgegriffen, um aufzuzeigen, dass die SAP-Forderung sehr nah an der Lebenswirklichkeit der Menschen war.

Desweiteren erscheint der Zusammenschluss beider Parteien der „Arbeiterklasse" zu einer gemeinsamen Partei nicht überraschend. Gerade wenn man berücksichtigt, dass beide Parteien auf abstrakter Ebene einen demokratischen legitimierten Staatsaufbau erreichen wollten. Die Ziele gegen Ausbeutung und der Begriff „Klassenkampf" können auch heute als Abstraktion der konkreten Anliegen der SAP für die Arbeiterschaft gesehen werden.   Aber gerade unter der Berücksichtigung der territorialen Einheit Deutschlands und den gemeinsamen Zielen, ist doch ein wenig befremdlich, dass beide Parteien durch die einfache Mitgliedschaft zur Verschmelzung gedrängt wurden. Dies wirft durchaus einige Fragen auf, deren Beantwortung über den thematischen Rahmen dieser Hausarbeit hinausführen würde. Hatten die Führungen beider Parteien nicht ein ebenso hohes Interesse wie ihre Mitglieder an einer Verschmelzung? Wollte man sich bei der Darstellung der Parteieinheit bewusst von Staatseinheit abgrenzen? Erkannten die Funktionäre es nicht als Chance, erstarkt gegen die sozialen Probleme vorzugehen?

III. Entwicklung industrieller Arbeit und der SPD im Kaiserreich

Die wichtigsten Vorgänge auf dem Arbeitsmarkt zur Zeit des I. Weltkriegs waren die Bekämpfung von Arbeitslosigkeit in einigen Wirtschaftszweigen, sowie die

---

[19] Vgl.: Kleine Geschichte der SPD, 2002, S. 42.
[20] Vgl.: Engel, Evamaria: Die deutsche Stadt im Mittelalter. München 1993, S. 20 -21.
[21] Vgl.: Schulz, Günther: Schulpflicht, Kinderschutz, technischer Fortschritt und öffentliche Meinung. Die Beschäftigung von Kindern in Fabriken und die Ursache ihres Rückgangs, in: Schulz, Günther(Hg.):Von der Landwirtschaft zur Industrie (Wirtschaftlicher und Gesellschaftlicher Wandel im 19. Und 20. Jahrhundert), Paderborn 1996, S. 76.

Einberufungen reduzierten die Anzahl der Arbeitskräfte, allein bis Kriegsende wurden 10 Millionen Männer zu den Streitkräften geschickt. Man versuchte diese Arbeitskräfte, unter anderem durch Frauen und Kriegsgefangene, zu ersetzen. Auch wurden Arbeitskräfte von Kriegsunwichtigen Industrien, wie der Textilindustrie, für die Kriegsindustrie verpflichtet.[22]

Durch einen „Burgfrieden" zwischen den Arbeitern und Arbeitgebern konnte zunächst die soziale Lage, unter anderem durch Lohnsteigerung für die Arbeiter, verbessert werden. Dennoch traten ab 1917 unter den Arbeitern Unruhen auf. Diese hatten die zunehmende Kriegsdauer als Ausgangsbasis, einhergehend mit der schlechten Versorgungslage, diese betraf den Bereich der Nahrungsmittel.[23]

Reichstagswahlergebnisse der Sozialdemokratie während des Kaiserreichs:

Jahr der Wahl	Wählerstimmen	Mandate
1871	101927	1
1874	351670	9
1877	493447	12
1878	437158	9
1881	311961	12
1884	549990	24
1887	763128	11
1890	1427298	35
1893	1786738	44
1898	2107076	56
1903	3010771	81
1907	3259029	43
1912	4250399	110
[24]

Parallel zu den Entwicklungen bei den Wahlen im Kaiserreich, konnte die SPD auch Mitglieder hinzu gewinnen. Allein zwischen den Jahren 1906 und 1914 konnte man die Anzahl der Mitglieder fast verdreifachen. Darüber hinaus, hatte man 1914 das erste Mal über eine Million Mitglieder zu verzeichnen. Bei Frauen kam es in dieser Periode sogar zu einer Verachtfachung der Mitglieder.[25]

Zwei Attentate mit denen die Sozialdemokraten nichts zu tun hatten, dienten der Reichsführung als Vorwand des Sozialistengesetzes[26]. Im Oktober 1878 wurde mit 221 Stimmen gegen 149 Stimmen das „Gesetz gegen die gemeingefährlichen Bestrebungen

---

[22] Vgl.: Das industrialisierte Deutschland 1914 – 1992, 1993, S. 34 – 35.
[23] Vgl.: Das industrialisierte Deutschland 1914 – 1992, 1993, S. 35.
[24] Vgl.: Grebing, Helga: Arbeiterbewegung. Sozialer Protest und Kollektive Interessenvertretung bis 1914, München 1985, S. 199.
[25] Vgl.: Arbeiterbewegung, 1985, S. 199.
[26] Sozialistengesetz: Am 19. Oktober 1878 trat das „Gesetz gegen die gemeingefährlichen Bestrebungen der deutschen Sozialdemokratie" in Kraft. Es verbot alle sozialdemokratischen, sozialistischen und kommunistischen Vereine, sowie deren Versammlungen und Druckerzeugnisse. (Vgl.: Albrecht, Willy: Ende der Illegalität. Das Auslaufen des Sozialistengesetzes und die deutsche Sozialdemokratie im Jahre 1890, Heidelberg 1990, S. 8)

der Sozialdemokratie" beschlossen. Dieses Gesetz galt vorerst für 3 Jahre, allerdings wurde es erst am 30. September 1890 wiederaufgehoben.[27]

Der damalige Reichskanzler Bismarck erkannte allerdings auch, dass eine Bewegung wie die Sozialdemokratie nicht ohne Grund entstanden war, sondern aus den Folgen sozialer und gesellschaftlicher Probleme heraus. Dies war sein Ansatzpunkt zur Sozialpolitik. Zwischen 1881 und 1889 entstanden die Kranken-, Unfall- und Invalidenversicherung.[28]

Die deutsche Öffentlichkeit war überrascht, als die SPD am 4. August 1914 einstimmig die Kriegskredite bewilligte. Immerhin sah man sich selbst als Gegner des kaiserlichen Staates und dieser hatte versucht sie auszugrenzen und zu bekämpfen. Bereits vor dem Krieg, bestand die Gefahr eines Aufspaltens der Bewegung, denn es gab einen reformorientierten Flügel, ebenso wie einen Radikalenflügel, der gewaltsam gegen die Klassengesellschaft vorgehen wollte. Doch diese erfolgte erst durch die neuen Konfliktfelder im I. Weltkrieg.[29]

III.1 Schlussfolgerungen

Wie die gesamte Gesellschaft, befand sich auch der Bereich der Industrie zur Zeit des Ersten Weltkriegs im Umbruch. So wurden Arbeiter Teil des Militärs und andere mussten die Branche wechseln, um während des Krieges Beschäftigung zu finden. Frauen konnten an der Arbeitswelt teilnehmen, wenn auch nur in Folge des laufenden Krieges.

Um weiterhin bei den Frauen zu bleiben, diese konnten zwischen 1906 und 1914 ihren Anteil in der Sozialdemokratie verachtfachen, was als Indiz gewertet werden kann, dass Frauen bereits vor Ausbruch des Krieges vermehrt industriell tätig waren.

Insgesamt konnte die SPD trotz des Sozialistengesetzes erheblich an Einfluss gewinnen, wie man an den Wahlergebnissen zwischen 1871 und 1912 sehen kann. Allerdings kann man in diese Situation hineininterpretieren, dass die Sozialversicherung keine oder kaum Verbesserung für die Arbeiterschaft mit sich brachten. Allerdings könnten diese den „Burgfrieden" und die Kriegskreditgewährung für die Sozialdemokraten begünstigt haben.

Die Abschaltung der USPD ist nicht eine logische Konsequenz der vorherigen Flügelstreitigkeiten, sondern auch der aktiven Unterstützung der Reichsregierung in der Kriegspolitik durch die Mehrheits-SPD. Darüber hinaus, kam eine Verschlechterung in der Versorgungssituation der Arbeiter mit Nahrungsmitteln wegen des Krieges zum Tragen.

---

[27] Vgl.: Kleine Geschichte der SPD, 2002, S. 48.
[28] Vgl.: Kleine Geschichte der SPD, 2002, S. 50.
[29] Vgl.: Mühlhausen, Walter: Die Sozialdemokratie am Scheideweg. Burgfrieden, Parteikrise und Spaltung im Ersten Weltkrieg, in: Michalka, Wolfgang (Hg.): Der Erste Weltkrieg (Wirkung; Wahrnehmung; Analyse), München 1994, S. 650.

IV. Entwicklung in der Weimarer Republik

Durch die Beendigung des ersten Weltkriegs, wurden in keinster Weise die wirtschaftlichen und sozialen Probleme beseitig. Im Gegenteil, es kam zusätzlich noch zu der Knappheit staatlicher Mittel. Die Wirtschaft hatte diverse Probleme zu bestehen, wie die Umstellung auf friedliche Produktion. Die Blockade der deutschen Wirtschaft, behinderte die Produktion in vielen Wirtschaftszweigen. Hinzu kamen die Reparationsfoderungen, welche für ein schlechtes Investitionsklima sorgte. Durch Kriegsanleihen, war der Staat überschuldet und konnte somit nicht unterstützend in die Wirtschaft investieren. Auf dem Arbeitsmarkt waren ehemalige Militärangehörige zu integrieren, doch deren Zahl war mit 11 Millionen so hoch, dass dies nicht gelang. [30]

Die Phase von 1924 bis zur Weltwirtschaftskrise war geprägt von Prosperität. Das Klima für Investitionen und Wachstum wurde geschaffen durch eine Reform der Währung und die Versorgung der Unternehmen mit Kapital, auch aus dem Ausland. Eine weitere Rolle spielte die vorläufige Regelung der Reparationsbestimmungen, welche im Dawes-Plan[31] geregelt wurden. [32]

Die Phase ab der Weltwirtschaftskrise, ist am ehesten durch die damaligen Entwicklungen am Arbeitsmarkt zu erklären, weil dies sich konkret bei den Arbeitern niederschlug und sie mit der Arbeitslosigkeit auch ihr Einkommen verloren oder einen Rückgang ihrer Kaufkraft erleben mussten. Bis in das Jahr 1931 hoffte man auf eine „Selbstheilung" der Wirtschaft. Erst die Entwicklung der Arbeitslosenzahlen 1931 sorgte für Beunruhigung. Der Tiefpunkt lag im Winter 1931/32 mit 6,128 Millionen Arbeitslosen. Zu den über 6 Millionen Arbeitslosen kamen noch 3 Millionen Kurzarbeiter hinzu.[33]

Der Beginn der Republik, war auf Seiten der Arbeiterbewegung durch eine Uneinheit gekennzeichnet. Die Tradition der sozialistischen Arbeiterbewegung wurde allein von drei Parteien beansprucht. Diese drei Parteien waren zum einen die KPD, welche in ihren Anfängen eine kleine Splitterpartei darstellte. Die beiden anderen Parteien waren die MSPD und die USPD. Die USPD hatte zwei starke Flügel und konnte hauptsächlich durch die Gegnerschaft zur regierenden MSPD zusammengehalten werden. Durch den Oppositionsgang der MSPD entfiel dieses Bindeglied.[34]

Nun zur zweiten Phase der Sozialdemokratie in der Weimarer Republik, zunächst verlor die SPD 1920 die Regierungsverantwortung, aber dies wurde ohne negative Stimmung aufgenommen. Auch wenn man sich in der Opposition befand, so unterstütze man dennoch die Regierung, um weitere Krisen zu verhindern. Allerdings konnte sich aus dieser Zwitterstellung der halben Regierung und der halben Opposition heraus die KPD

---

[30] Vgl.: Das industrialisierte Deutschland 1914 bis 1992, 1993, S. 51 – 53.
[31] Der Dawes-Plan legte die Raten für die Reparationsleistungen Deutschlands fest. (Vgl.: Das industrialisierte Deutschland 1914 bis 1992, 1993, S. 83 – 84).
[32] Vgl.: Das industrialisierte Deutschland 1914 bis 1992, 1993, S. 76.
[33] Vgl.: Das industrialisierte Deutschland 1914 bis 1992, 1993, S. 96 – 97.
[34] Vgl.: Kleine Geschichte der SPD, 2002, S. 103 – 105.

dauerhaft als Partei links der SPD etablieren. Die USPD hatte sich aufgelöst durch Übertritte zur KPD und Rückkehr zur SPD.[35]

Darauf folgte die letzte Phase vor dem Nationalsozialistischen Regime, diese begann mit der Regierungsübernahme durch den Sozialdemokraten Herrmann Müller. Er bildete eine große Koalition aus SPD, Zentrum, DDP und DVP. Bis zu dem Beginn der Weltwirtschaftskrise, konnte diese Regierungskoalition einige außenpolitische Erfolge erzielen. Durch finanz- und sozialpolitische Differenzen, kam es am 27. März 1930 zum Bruch der Koalition.[36]

IV.1 Schlussfolgerungen

Zunächst einmal ist festzuhalten, dass die Entwicklungspfade der Sozialdemokratie zeitlich nicht unbedingt mit denen der Weimarer Republik übereinstimmten. Für die erste Phase der Weimarer Republik gelten ähnliche soziale Bedingungen wie im späten Kaiserreich, diese wurden aber durch 11 Millionen ehemalige Militärangehörige, die eine Perspektive in der Arbeitswelt benötigten, zusätzlich erschwert. Allerdings gab es drei Parteien sozialdemokratischen Ursprungs.

Dies sollte sich aber in der Phase wirtschaftlichen Prosperität ändern und es gab mit der SPD und der KPD zwei Parteien. Daraus kann man zwei mögliche Rückschlüsse ziehen. Zum einen, konnte die Republik nicht jeden in das demokratische System intrigieren, zum anderen, ist es der SPD gelungen durch die „Zwitterfunktion" im Parteiensystem die sozialen Bedingungen der Arbeiterschaft zu verbessern bzw. die Situation wurde durch die Prosperität verbessert.

Zur Zeit der Weltwirtschaftskrise, verloren viele Arbeiter ihre Anstellung und damit ihr Einkommen. Etwas nach dem Beginn dieser Krise, kam es zum Bruch der Großen Koalition, weil die SPD andere sozial- und finanzpolitische Ansätze als die Koalitionspartner Zentrum und DVP vertrat. Die DVP wollte Kürzungen bei den Sozialleistungen, vor allem gegenüber den Erwerbslosen durchsetzten. Doch die SPD orientierte sich an der Sicherung von Arbeitern.[37]

V. „Wirtschaftswunder" und „Godesberger Programm"

Die Aufnahme von Flüchtlingen und Vertriebenen führten zu einer erheblichen Änderung der Sozialstruktur. Die meisten Flüchtlinge und Vertriebenen mussten sich in andere Berufe begeben und sich in einem neuen sozialen Umfeld integrieren. Zunächst betraf es die Dörfer und Kleinstädte, aber nach und nach kam es zu einer Verlagerung in die mittleren und größeren Städte. Dort konnten durch die Beseitigung der Kriegsschäden neue Arbeitsplätze geschaffen werden.[38]

Außer den Flüchtlingen und Vertriebenen, erhöhten Heimkehrer und Gastarbeiter das Potenzial an Arbeitskräften. Mehr als 4 Millionen Kriegsgefangene kehrten wieder

---

[35] Vgl.: Kleine Geschichte der SPD, 2002, S. 113 – 115.
[36] Vgl.: Kleine Geschichte der SPD, 2002, S. 124 – 126.
[37] Vgl.: Kleine Geschichte der SPD, 2002, S. 126.
[38] Vgl.: Das industrialisierte Deutschland 1914 bis 1992., 1993, S. 239 – 240.

Heim. Circa 6,5 Millionen Vertriebene und Flüchtlinge kamen in die Bundesrepublik. Von 1959 an, stieg die Zahl der Gastarbeiter von unter 100000 auf über 2 Millionen bis Mitte der 1970er-Jahre an. Trotz dieses hohen Zustroms an Menschen und damit verbunden an potenzielle Arbeitskräfte, konnte 1960 Vollbeschäftigung erreicht werden.[39]

Desweiteren bestimmten die Reallöhne die allgemeine soziale Lage. Der Anteil familienfremder Arbeitskräfte nahm zu, allerdings konnte sich der Anteil der Löhne am Volkseinkommen nicht erhöhen. Darüber hinaus, stiegen die Löhne unter dem Produktionsfortschritt. Allerdings wurden die Löhne auf Basis der gesetzlichen Sozialversicherung bei dem eintreten von bestimmten Risiken[40] abgesichert. Die wichtigsten Neuerungen waren die Dynamisierung bei der Rentenversicherung und die Lohnfortzahlung im Krankheitsfall.[41]

In der frühen Bundesrepublik, rekrutierten sich die Mitgliedschaft und Funktionskörper aus Sozialdemokraten der Weimarer Republik, darüber hinaus, kamen Mitglieder aus sozialistischen Splittergruppen, bürgerlichen Milieus und ehemalige Soldaten. Die Varianten der Partei waren breit gestreut, von der Fortsetzung der alten Partei bis zum Modell der linken Volkspartei. Allerdings blieb die SPD in Westdeutschland nicht die einzige Arbeiterpartei.[42]

Die Dürkheimer Beschlüsse waren für die SPD im Nachkriegsdeutschland die ersten programmatischen Beschlüsse. Diese Beschlüsse waren gekennzeichnet von wirtschafts- und sozialpolitischen Forderungen, wie zum Beispiel der Forderung nach der Entmachtung des Vermögens. Weitere inhaltliche Themen dieser Zeit waren die Arbeitsmarktpolitik, denn dieser Bereich war im Winter 1950 von 2 Millionen Arbeitslosen geprägt. Die Substanz der Vorwürfe ging zurück, als die Bundesrepublik in eine Phase der wirtschaftlichen Prosperität trat. In den frühen 1950er Jahren, bewegte sich die SPD immer mehr in eine Richtung, weg von der planwirtschaftlichen Idee. Darüber hinaus unterstütze man auch im Parlament die meisten Gesetzesvorlagen. Konfrontation zur Regierung bestand im Wesentlichen nur noch in der Außenpolitik. In diesem Bereich geriet die SPD in die Defensive, weil sie ein Image als Neinsagerpartei hatte.[43]

Doch wesentlicher als diese inhaltliche Arbeit, war für die Sozialdemokratie das „Godesberger Programm". Dieses Programm, hatte die normative Erkenntnis des Wandels von einer Arbeiterpartei hin zu einer Partei für die Gesamtbevölkerung voraus.[44] Zunächst lässt sich das Programm auf unterschiedliche Weisen religiös und philosophisch begründen. Dadurch konnte man auch bei gläubigen Anhängern der Kirche, Barrieren vor der Sozialdemokratie abbauen. Darüber hinaus, wurde auch die

---

[39] Vgl.: Das industrialisierte Deutschland 1914 bis 1992, 1993, S. 195 – 196.
[40] Diese Risiken waren: Krankheit, Arbeitsunfall, Erwerbsunfähigkeit, Alter, Tod und Arbeitslosigkeit. (Vgl.: Das industrialisierte Deutschland 1914 bis 1992, 1993, S. 236.)
[41] Vgl.: Das industrialisierte Deutschland 1914 bis 1992, 1993, S. 236 – 239.
[42] Vgl.: Kleine Geschichte der SPD, 2002, S. 176 – 177.
[43] Vgl.: Kleine Geschichte der SPD, 2002, S. 200– 201.
[44] Vgl.: Kleine Geschichte der SPD, 2002, S. 209.

Bedeutung von Wettbewerb stärker betont. Weitere Eckpfeiler waren Bildung, soziale Gerechtigkeit um nur einige zu nennen.[45] „Zweifellos hat die Annahme des Godesberger Programms viel zu einer innerparteilichen Beruhigung und Klärung, vor allem aber zu einem Wandel des Erscheinungsbildes der SPD in der Öffentlichkeit beigetragen. Damit war eine Voraussetzung geschaffen, das von ihr angestrebte Ziel erreichen zu können: eine von verschiedenen Schichten wählbare „Volkspartei" zu werden."[46]

V.2 Schlussfolgerungen

In der frühen Bundesrepublik wurde auf allen Ebenen eine erhebliche Integrationsleistung vollbracht, vor allem vor dem Hintergrund, dass viele Individuen aus ihrem sozialen Umfeld und Milieu gerissen wurden. Desweiteren schaffte man, trotz der Integrationssituation, binnen relativ kurzer Zeit Vollbeschäftigung zu erreichen. Die Situation der Arbeiter konnte nicht an die Entwicklung des Kapitals anknüpfen, allerdings war die leichte finanzielle Besserung durch die Sozialversicherung abgesichert. Darüber hinaus, sollte nicht unerwähnt bleiben, dass die Unternehmen auf viele neue Arbeitskräfte zurückgreifen konnten, was auch die ungleiche Balance zwischen Lohn- und Kapitalzuwachs erklärt.

Somit lässt sich festhalten, dass ähnlich wie die Gesamtgesellschaft, die SPD in der frühen Phase der Bundesrepublik eine Veränderung der eigenen Struktur verarbeiten musste, so konnten Mitglieder aus vor dem Krieg verschlossenen Gruppen rekrutiert werden. Allerdings schaffte die Sozialdemokratie die Anpassung und Öffnung für alle Schichten stufenweise und hatte sie mit dem „Godesberger Programm" erst endgültig erreicht. Über die Integration neuer Mitglieder aus früher nicht vertretenen Schichten hinaus, konnte man auch neue Wählerschichten erschließen. Aber lässt sich anhand von Forderung, wie der nach sozialer Gerechtigkeit, feststellen, dass diese Öffnung nicht als Bruch vorheriger Traditionen, sondern als eingebettete Ergänzungen gesehen werden können.

VI. Fazit

Die Fragestellung lautete, stehen der Arbeitsmarkt und Veränderungen innerhalb der Sozialdemokratie in einem Kontext? Diese Fragestellung ist für die moderne Technikgeschichte aus mindestens zwei Gründen relevant, zum einen, konnte die Sozialdemokratie erst durch industrielle Arbeit entstehen. Zum anderen, ist diese Fragestellung geeignet, um einen Wandel einer von produktionstechnischen Mitteln abhängigen Gruppe zu erklären.

Die Ausgangsthese lautete, je mehr sich die sozialen Bedingungen am Arbeitsmarkt verändert haben, desto mehr musste sich die Sozialdemokratie anpassen. Diese These wurde anhand ausgewählter Beispiele in den vorherigen Kapiteln untersucht. Diese lassen sich kurz wie folgt darstellen. Der erste inhaltliche Teil nach dem Einleitungsteil

---

[45] Vgl.: Kleine Geschichte der SPD, 2002, S. 211 – 212.
[46] Kleine Geschichte der SPD, 2002, S. 212.

hatte die Speisung der Industrie mit Arbeitern und die Entstehung der SPD zum Inhalt, von daher, ist diese bei der Beantwortung der Ausgangthese von geringer Bedeutung. Daran anschließend, wurde auf die Entwicklung während der Kriegsproduktion im Kaiserreich und die Entwicklung der SPD eingegangen, dort konnte aufgezeigt werden, dass die SPD proportional mehr weibliche Mitglieder hatte, als in der Industrie angestellt waren, aber in der Zeit kam es auch zu einer Spaltung der Sozialdemokratie, die besonders in der sozialen Situation der Arbeiter begründet war.

Danach wurde die Situation der Weimarer Republik bearbeitet, diese konnte sowohl für den Bereich des Arbeitsmarktes und auch für die Sozialdemokratie in drei Phasen geteilt werden, doch stimmten diese zeitlich nicht überein. In der ersten Phase, hatte die Arbeiterschaft unter denselben sozialen Problemen wie am Ende des ersten Weltkriegs zu leiden, sowie unter den Reparationsforderungen der Siegermächte. Desweiteren, wurde die Teilung der Arbeiterparteien mit Gründung der KPD weiter manifestiert. In der Phase der allgemeinen Prosperität, konnten zum einen Probleme am Arbeitsmarkt gelöst werden und zum anderen, stand auf der Seite der Sozialdemokratie nur noch eine Zweiteilung. Diese Zweiteilung hielt auch noch in der dritten Phasen, der Weltwirtschaftskrise, an. Zunächst war die SPD noch in der Regierung, allerdings wollte man die Arbeiterschaft vor den Folgen der Krise schützen und daran zerfiel die Große Koalition.

Im darauf folgenden Arbeitsschritt, wurde auf die Bundesrepublik in der Zeit nach dem Zweiten Weltkrieg eingegangen und auf das „Godesberger Programm". Zunächst wurde in diesem Abschnitt auf die Integrationsleistung der Wirtschaft eingegangen. Darauf folgend, wurde die Entwicklung der SPD dargestellt, in den Bereichen Mitgliederrekrutierung, sowie auf die inhaltliche Weiterentwicklung hin zur Volkspartei.

Anhand dieser Arbeit konnte, wie auch in diesem Fazit dargestellt, ein Zusammenhang zwischen den sozialen Bedingungen am Arbeitsmarkt und Veränderungen in der Sozialdemokratie nachgewiesen werden. Darüber hinaus, konnte auch die Ausgangsthese bestätigt werden, da Veränderungen am Arbeitsmarkt auch zu Veränderung in der SPD geführt haben. Am drastischsten wohl zum Ende des Ersten Weltkriegs oder zu Beginn der Weimarer Republik, als die Arbeiter unter eine sozialen Notlage lebten und es zu mehreren Spaltungen der Sozialdemokratie kam. Anders gestaltete sich die Situation nach dem Zweiten Weltkrieg, als die SPD sich an die Belange und die Situation der Arbeiterschaft anpassen konnte und es zu keiner Spaltung kam. Abschaltungen der Sozialdemokratie können, sowohl als Ergebnis einer nicht vorgenommenen Anpassung gesehen werden, allerdings auch, als Indikatoren für eine notwendige Veränderung.

Weitere Forschungsmöglichkeiten über diese Arbeit hinaus, bestehen im Bereich der Mikro- und Makroebene, man könnte zum Beispiel Hintergründe von Arbeitern untersuchen, die zunächst in der SPD danach in der USPD und danach in der KPD waren. Ein weiterer Ansatz wäre eine konkrete Untersuchung der Bedingungen für die Arbeiterschaft in Bezug auf konkrete Forderungen der deutschen Sozialdemokratie.

Natürlich kann man auch beides getrennt voneinander betrachten. Darüber hinaus, wäre auch eine epochale Eingrenzung bei der Betrachtungsweise möglich, da könnte man dann zum Beispiel den Organisationsgrad der Arbeiterschaft innerhalb der Sozialdemokratie in den einzelnen Branchen untersuchen und ihre jeweiligen Bedingungen, dies wäre natürlich auch für eine einzelne Betriebe möglich. Desweiteren, könnte man nach topologischen Unterschieden forschen.

Quellenverzeichnis

Fetscher, Ingrid (Hg.): Manifest der Kommunistischen Partei. Grundsätze des Kommunismus, Stuttgart 2004.

Literaturverzeichnis

Albrecht, Willy: Ende der Illegalität. Das Auslaufen des Sozialistengesetzes und die deutsche Sozialdemokratie im Jahre 1890, Heidelberg 1990.

Dittmann, Linda: Kinderarbeit im 19. Jahrhundert. Norderstedt 2005.

Engel, Evamaria: Die deutsche Stadt im Mittelalter. München 1993.

Grebing, Helga: Arbeiterbewegung. Sozialer Protest und Kollektive Interessenvertretung bis 1914, München 1985.

Henning, Friedrich-Wilhelm: Wirtschafts- und Sozialgeschichte. Das industrialisierte Deutschland 1914 – 1992, Band 3, Paderborn 1993.

Kiesewetter, Hubert: Industrielle Revolution in Deutschland. Regionen als Wachstumsmotoren, Wiesbaden 2004.

Mühlhausen, Walter: Die Sozialdemokratie am Scheideweg. Burgfrieden, Parteikrise und Spaltung im Ersten Weltkrieg, in: Michalka, Wolfgang (Hg.): Der Erste Weltkrieg (Wirkung; Wahrnehmung; Analyse), München 1994.

Potthoff Heinrich und Miller, Susanne: Kleine Geschichte der SPD. 1848 – 2002, Bonn 2002.

Schulz, Günther: Schulpflicht, Kinderschutz, technischer Fortschritt und öffentliche Meinung. Die Beschäftigung von Kindern in Fabriken und die Ursache ihres Rückgangs, in: Schulz, Günther(Hg.):Von der Landwirtschaft zur Industrie (Wirtschaftlicher und Gesellschaftlicher Wandel im 19. Und 20. Jahrhundert), Paderborn 1996.

Wehler, Hans-Ulrich: Deutsche Gesellschaftsgeschichte, 3. Band, München 1995.